Inhalt

6 **Frühstück**
Für einen gesunden Start in den Tag – alles rund um Müslis und Sandwiches.

34 **Hauptmahlzeiten**
Power-Mahlzeiten für leere Energiespeicher – mit reichlich Vollkorn und Hülsenfrüchten.

76 **Abendessen**
Unbeschwert in den Abend – leichte Suppen, Salate und mehr.

108 **Auf einen Blick**
Hier findest du alle Rezepte – übersichtlich von A–Z sortiert.

110 **Lust auf …**
Du hast heute Appetit auf Geflügel oder Salat? In dieser Übersicht findest du je nach Lust und Laune das richtige Rezept für dich.

112 **Impressum**

QR-Code scannen und Einkaufslisten entdecken

Rezeptinfos

5 SmartPoints Wert – SmartPoints Wert und zusätzlich kcal/kJ pro Person/Glas/Stück

Dieses Symbol zeigt dir, wie du das Rezept variieren kannst.

Gut zu wissen – Tipps und Tricks sowie hilfreiche Warenkunde erkennst du an diesem Symbol.

Extra für dich: Auf den Rezeptseiten erfährst du direkt neben dem SmartPoints Wert, ob ein Rezept gluten- oder laktosefrei, vegan oder vegetarisch ist. Die Kennzeichnung ist rein informativ und nicht verbindlich. Es liegt in der persönlichen Verantwortung zu püfen, ob die verwendeten Lebensmittel die Anforderungen erfüllen. Zusätzlich findest du auch eine Info, wenn sich ein Gericht gut zum Einfrieren eignet.

Fertig in: Hier sind alle Vorbereitungsschritte, Marinier-, Gar- und Backzeiten eingerechnet.

Davon aktiv: Diese Zeitangabe sagt dir, wie lange du wirklich mit Schnippeln und Rühren beschäftigt bist.

Infos
Genießen
Andreas
-17 kg
Svenja
-27 kg
Mit Weight Watchers
8x mehr
abnehmen
als allein![1]

& trotzdem abnehmen

Willkommen in der Weight Watchers Welt.

Weight Watchers bietet dir ein modernes, ganzheitliches Programm, das auf jeden Teilnehmer individuell zugeschnitten wird und ausgewogene Ernährung, Bewegung und Motivation kombiniert – so, wie du es brauchst. Dabei steht Abnehmen natürlich weiter klar im Mittelpunkt, doch unsere Philosophie geht weit darüber hinaus.

Wir möchten zu einem guten Lebensgefühl beitragen. Zu besserer, ausgewogener Ernährung. Zu attraktiverem Aussehen und positiver Ausstrahlung.

Treffen

Mit einer starken Community und der persönlichen Unterstützung unserer Coaches zum Wunschgewicht.

- **Motivation, Inspiration und hilfreiche Ratschläge unserer Coaches.**
- **Gemeinsamer Austausch, Hilfestellung und Motivation in der Community.**
- **Neueste Erkenntnisse zum Thema Ernährung, von Experten gebündelt.**

Online

Ob unterwegs, in der Bahn oder zu Hause aus dem Wohnzimmer – mit Weight Watchers Online und der passenden App bist du always on.

- **Wähle aus über 6.000 Rezepten und 60.000 Lebensmitteln aus unserer Datenbank.**
- **Barcode-Scanner für sofortigen SmartPoints Check im Supermarkt.**
- **Tausche dich über die App mit deiner Community aus und lass dich jeden Tag aufs Neue motivieren.**

Alle Infos zu unserem Programm gibt es unter www.weightwatchers.de

[1]Gewichtsabnahme wurde mit Weight Watchers Meeting und Online-Tools erreicht.

Frühstück

Grünes Sandwich

7 SmartPoints Wert

fertig in: 10 Minuten | davon aktiv: 10 Minuten
vegetarisch
239 kcal | 1001 kJ

Für 1 Person:

- **3 Stängel Basilikum**
- **2 EL Frischkäse, bis 1 % Fett absolut**
- **1/2 TL Tafelmeerrettich**
- **einige Tropfen Zitronensaft**
- **Salz, Pfeffer**
- **1/4 Salatgurke**
- **30 g Avocadofruchtfleisch**
- **2 Blätter Kopfsalat**
- **2 kleine Scheiben Vollkorntoast**

Für die Creme Basilikum waschen, trocken schütteln und mit Frischkäse, Meerrettich, Zitronensaft, Salz und Pfeffer pürieren. Gurke waschen und mit einem Sparschäler längs in Streifen schneiden. Avocadofruchtfleisch in dünne Spalten schneiden. Salat waschen und trocken schütteln.

Toast rösten und mit Creme bestreichen. Eine Scheibe mit Salat, Gurkenstreifen und Avocadospalten belegen und mit restlicher Toastscheibe abdecken. Grünes Sandwich diagonal halbieren und servieren.

Damit die Avocadospalten nicht braun werden, beträufle sie mit etwas Zitronensaft.

Gebackenes Apfel-Zimt-Porridge

7 SmartPoints Wert

fertig in: 35 Minuten | davon aktiv: 15 Minuten
vegetarisch
277 kcal | 1160 kJ

Backofen auf 180° C (Gas: Stufe 2, Umluft: 160° C) vorheizen. Äpfel waschen, vierteln und entkernen. 1 Apfel in dünne Spalten, restlichen Apfel in kleine Würfel schneiden.

Milch in einem Topf erwärmen, aber nicht kochen. Haferflocken, Zimt und Apfelwürfel hinzufügen, verrühren und mit Süßstoff verfeinern.

Haferflockenmasse in 4 ofenfeste Förmchen (Ø 10 cm) füllen, mit Apfelspalten belegen und im Backofen auf mittlerer Schiene ca. 20 Minuten backen. Gebackenes Apfel-Zimt-Porridge servieren.

Für 4 Personen:

2 süßliche rotschalige Äpfel (z. B. Jonagold)
500 ml entrahmte Milch
200 g kernige Haferflocken
1 TL Zimt
einige Tropfen flüssiger Süßstoff

Moringa Bowl mit Beeren

8 SmartPoints Wert

fertig in: 10 Minuten | davon aktiv: 10 Minuten
vegetarisch
355 kcal | 1486 kJ

Joghurt mit Moringapulver und Honig verrühren und in eine Schüssel füllen. Beeren waschen und trocken tupfen. Mangofruchtfleisch in Spalten schneiden.

Beeren mit Mangospalten und Getreideflocken auf dem Joghurt anrichten und Moringa Bowl servieren.

Für 1 Person:

- **200 g Magermilchjoghurt**
- **1 TL Moringapulver**
- **1 TL Honig**
- **100 g gemischte Beeren (z. B. Himbeeren und Heidelbeeren)**
- **100 g Mangofruchtfleisch**
- **4 EL 5-Korn-Flocken**

Moringapulver wird aus den Blättern des Meerrettichbaumes (Moringa oleifera) gewonnen. Es ist besonders reich an Proteinen, Vitaminen, Mineralstoffen und Antioxidantien. Du bekommst es z. B. im Bioladen.

← Melonenjoghurt mit Pistazien

8 SmartPoints Wert

fertig in: 10 Minuten | davon aktiv: 10 Minuten
vegetarisch
394 kcal | 1649 kJ

Honig- und Cantaloupemelone in große Würfel schneiden und mit Joghurt, Limettensaft und Müsli verrühren. Melonenjoghurt mit Pistazien bestreuen und servieren.

Für 1 Person:

- **150 g Honigmelone**
- **150 g Cantaloupemelone**
- **150 g fettarmer Joghurt**
- **1/2 TL Limettensaft**
- **4 EL Basismüsli**
- **1 TL gehackte Pistazien**

Fruchtiges Vollkornbrötchen mit Geflügel

8 SmartPoints Wert

fertig in: 10 Minuten | davon aktiv: 10 Minuten
366 kcal | 1532 kJ

Für die Creme Basilikum waschen, trocken schütteln, mit Aprikosen fein hacken und mit Frischkäse, Salz und Pfeffer verrühren. Paprika waschen, entkernen und in feine Streifen schneiden. Salat waschen und trocken schütteln.

Brötchen aufschneiden und mit Creme bestreichen. Untere Brötchenhälfte mit Salat, Geflügelbrustaufschnitt und der Hälfte Paprikastreifen belegen und mit oberer Brötchenhälfte abdecken. Fruchtiges Vollkornbrötchen mit restlichen Paprikastreifen servieren.

Für 1 Person:

- **1 Stängel Basilikum**
- **10 g getrocknete Aprikosen**
- **50 g Frischkäse, bis 1 % Fett absolut**
- **Salz, Pfeffer**
- **1 rote Paprika**
- **2 Blätter Eisbergsalat**
- **1 Vollkornbrötchen**
- **50 g Geflügelbrustaufschnitt**

Gemüseschnitten mit Bärlauchquark

7 SmartPoints Wert

fertig in: 10 Minuten | davon aktiv: 10 Minuten
vegetarisch
268 kcal | 1122 kJ

Radieschen und Gurke waschen und in dünne Scheiben schneiden. Quark mit Bärlauch verrühren und mit Salz und Pfeffer abschmecken.

Pumpernickel mit Bärlauchquark bestreichen und mit Radieschen- und Gurkenscheiben belegen. Gemüseschnitten servieren.

Für 1 Person:

- **4 Radieschen**
- **1/4 Salatgurke**
- **3 EL Magerquark**
- **1 EL gehackter Bärlauch**
- **Salz, Pfeffer**
- **2 Scheiben Pumpernickel**

Außerhalb der Saison kannst du den Bärlauch durch 1/2 gepresste Knoblauchzehe und 2 TL gehackte Petersilie ersetzen.

Heidelbeercreme mit Chia-Samen

7 SmartPoints Wert

fertig in: 10 Minuten | davon aktiv: 10 Minuten | Kühlzeit: 12 Stunden
vegetarisch | glutenfrei | laktosefrei
206 kcal | 862 kJ

Für 1 Person:

- **100 g Heidelbeeren**
- **2 EL Chia-Samen**
- **100 ml Reisdrink**
- **2 TL Honig**

Heidelbeeren waschen und trocken tupfen. Chia-Samen mit Reisdrink, 50 g Heidelbeeren und Honig pürieren. Restliche Heidelbeeren unterrühren und über Nacht kalt stellen. Heidelbeercreme umrühren und servieren.

Chia-Samen sind reich an Ballaststoffen, Kalzium und mehrfach ungesättigten Fettsäuren. Du kannst Chia-Samen wie Leinsamen verwenden – sie sind in Reformhäusern und Biomärkten erhältlich.

Beeren-Schicht-Porridge

9 SmartPoints Wert

fertig in: 15 Minuten | davon aktiv: 15 Minuten
vegetarisch
356 kcal | 1490 kJ

Für 1 Person:

- **100 g gemischte Beeren (z. B. Brombeeren, Himbeeren, Heidelbeeren)**
- **100 g Erdbeeren**
- **3 EL Wasser**
- **50 g zarte Haferflocken**
- **200 ml entrahmte Milch**
- **1 TL Honig**

Beeren waschen, trocken tupfen und die Hälfte der Erdbeeren halbieren. Restliche Erdbeeren mit Wasser in einem Topf auf mittlerer Stufe 3–4 Minuten dünsten und pürieren. Haferflocken mit Milch in einem Topf aufkochen und unter Rühren auf mittlerer Stufe 3–4 Minuten köcheln lassen.

Erdbeerhälften mit restlichen Beeren unter die Erdbeersauce heben. Porridge mit Honig süßen, mit Beerenmischung abwechselnd in ein Glas schichten und servieren.

Grießmuffins mit Aprikosen

4 SmartPoints Wert

fertig in: 40 Minuten I davon aktiv: 15 Minuten
vegetarisch
132 kcal I 552 kJ

Für 6 Stück:

- **3 Aprikosen**
- **2 EL Halbfettmargarine**
- **1 EL Zucker**
- **1 Päckchen Vanillezucker**
- **125 g fettarmer Joghurt**
- **2 Eier (Größe M)**
- **50 g 5-Korn-Flocken**
- **30 g trockener Weichweizengrieß**
- **1/2 TL Backpulver**

Backofen auf 180° C (Gas: Stufe 2, Umluft: 160° C) vorheizen. Aprikosen waschen, halbieren, die Steine entfernen und Aprikosen in Würfel schneiden. Margarine mit Zucker, Vanillezucker, Joghurt und Eiern verrühren.

Flocken, Grieß und Backpulver unterrühren und Aprikosenwürfel unterheben. Teig in 6 Silikon-Muffinförmchen füllen und im Backofen auf mittlerer Schiene ca. 25 Minuten backen. Grießmuffins abkühlen lassen, aus den Förmchen lösen und servieren.

Cremiges Mangomüsli mit Seidentofu

9 SmartPoints Wert

fertig in: 10 Minuten | davon aktiv: 10 Minuten
vegan | laktosefrei
370 kcal | 1548 kJ

Für 1 Person:

- **1 Mango**
- **1 TL Limettensaft**
- **100 g Seidentofu**
- **2 getrocknete Datteln**
- **50 g zarte Haferflocken**

Mango schälen, das Fruchtfleisch vom Stein schneiden und mit Limettensaft und Seidentofu pürieren. Datteln in Würfel schneiden und mit Haferflocken unterrühren. Cremiges Mangomüsli mit Seidentofu servieren.

Seidentofu ist ein besonders weicher Tofu, der sich cremig rühren oder pürieren lässt. Mit seinem säuerlich-nussigen Aroma kann er prima als Joghurtersatz in Obstsalat, Müsli und Co. verwendet werden.

Pikantes Rührei mit Ziegenkäse

8 SmartPoints Wert

fertig in: 25 Minuten | davon aktiv: 25 Minuten
vegetarisch | low carb
314 kcal | 862 kJ

Frühlingszwiebeln, Paprika und Zucchini waschen. Frühlingszwiebeln in Ringe schneiden, Paprika entkernen und mit Zucchini in kleine Würfel schneiden.

Ziegenkäse mit Eiern, Wasser, Salz, Pfeffer und Paprikapulver verquirlen. Öl in einer Pfanne auf mittlerer Stufe erhitzen und Frühlingszwiebelringe, Paprika- und Zucchiniwürfel darin ca. 5 Minuten dünsten.

Eimasse in die Pfanne gießen und unter gelegentlichem Rühren 4–5 Minuten stocken lassen. Pikantes Rührei mit Basilikum bestreut servieren.

Für 2 Personen:

- **1/2 Bund Frühlingszwiebeln**
- **1 rote Paprika**
- **1 kleine Zucchini**
- **60 g Ziegenfrischkäse, 45 % Fett i. Tr.**
- **4 Eier (Größe M)**
- **3 EL kohlensäurehaltiges Mineralwasser**
- **Salz, Pfeffer**
- **1 Msp. Paprikapulver**
- **1 TL Rapsöl**
- **1 EL gehacktes Basilikum**

Wenn dir das Aroma von Ziegenkäse zu intensiv ist, kannst du das Rührei auch prima mit Schafskäse zubereiten.

Geflügelsandwich mit Kresse und fruchtiger Pfirsichcreme

5 SmartPoints Wert

fertig in: 10 Minuten | davon aktiv: 10 Minuten
232 kcal | 971 kJ

Pfirsich waschen, halbieren, den Stein entfernen, eine Pfirsichhälfte in schmale Spalten schneiden und restlichen Pfirsich fein würfeln.

Für die Creme Pfirsichwürfel mit Frischkäse verrühren und mit Salz und Pfeffer abschmecken. Salat waschen und trocken schütteln. Kresse vom Beet schneiden.

Toastscheiben rösten und mit Pfirsichcreme bestreichen. 2 Toastscheiben mit Salat, Kresse, Pfirsichspalten und Geflügelbrustaufschnitt belegen, mit restlichen Toastscheiben abdecken und diagonal halbieren. Geflügelsandwich servieren.

Für 2 Personen:

1 Pfirsich
100 g Frischkäse, bis 1 % Fett absolut
Salz, Pfeffer
einige Blätter Eisbergsalat
1/2 Beet Kresse
4 kleine Scheiben Toast
8 Scheiben Geflügelbrustaufschnitt

Apfel-Karotten-Drink

7 SmartPoints Wert

fertig in: 10 Minuten | davon aktiv: 10 Minuten
vegan | glutenfrei | laktosefrei
203 kcal | 850 kJ

Ingwer schälen und in Stücke schneiden. Orange auspressen. Äpfel vierteln, entkernen, mit Banane schälen und zusammen in grobe Stücke schneiden. Apfel- und Bananenstücke mit Zitronensaft und Ingwer pürieren und in Gläser füllen.

Karotten- und Orangensaft mit Grenadinesirup mischen und über die Rückseite eines Löffels am Glasrand hinablaufen lassen, sodass 2 Schichten entstehen. Apfel-Karotten-Drink nach Wunsch mit Eiswürfeln und mit Oregano garniert servieren.

Für 2 Gläser (à ca. 300 ml):

1 kleines Stück Ingwer (ca. 1 cm)
1 Blutorange
2 kleine süßliche Äpfel (z. B. Jonagold)
1 kleine Banane
einige Tropfen Zitronensaft
200 ml gekühlter Karottensaft
1 TL Grenadinesirup

Frühstücksomelette mit Schinken und Tomaten

7 SmartPoints Wert™

fertig in: 15 Minuten | davon aktiv: 10 Minuten
low carb | glutenfrei | laktosefrei
292 kcal | 1222 kJ

Tomaten waschen und in Scheiben schneiden, Schinken in dünne Streifen schneiden. Eier mit Mineralwasser verquirlen und mit Salz, Pfeffer und Muskatnuss würzen.

Öl in einer Pfanne auf mittlerer Stufe erhitzen, Eimasse zugeben, mit Tomatenscheiben und Schinkenstreifen belegen und 5–7 Minuten stocken lassen. Frühstücksomelette zuklappen, mit Schnittlauch bestreuen und servieren.

Für 1 Person:

5 Cocktailtomaten
2 Scheiben roher Schinken
2 Eier (Größe M)
50 ml kohlensäurehaltiges Mineralwasser
Salz, Pfeffer
1 Prise geriebene Muskatnuss
1 TL Rapsöl
1 TL Schnittlauchringe

Power Bällchen

2 SmartPoints Wert

fertig in: 40 Minuten | davon aktiv: 10 Minuten
vegetarisch | laktosefrei
52 kcal | 218 kJ

Datteln und Aprikosen fein hacken. Mit Haferflocken, Mandeln und Honig gut verkneten und Masse ca. 30 Minuten kalt stellen.

Chia-Samen auf einem tiefen Teller verteilen. Aus der Masse mit feuchten Händen 20 Bällchen formen, in Chia-Samen wälzen und servieren.

Für 20 Stück:

- **30 g getrocknete Datteln**
- **30 g getrocknete Aprikosen**
- **50 g zarte Haferflocken**
- **50 g gemahlene Mandeln**
- **50 g Honig**
- **3 EL Chia-Samen**

Die Power Bällchen geben dir zum Frühstück oder einfach zwischendurch einen schnellen Energiekick. Kühl gelagert sind sie ca. 1 Woche haltbar.

Hauptmahlzeiten

Basilikumhähnchen mit Kürbisgemüse

8 SmartPoints Wert™

fertig in: 30 Minuten | davon aktiv: 30 Minuten
636 kcal | 2662 kJ

Kürbis waschen, Kerne mit einem Löffel entfernen und Kürbis in dünne Spalten schneiden. Kürbisspalten in Salzwasser 12–15 Minuten garen. Hähnchenbrustfilets abspülen und trocken tupfen. Basilikum waschen, trocken schütteln, mit Brühe und Zitronensaft pürieren und mit Salz und Pfeffer abschmecken.

Öl in einer Pfanne auf hoher Stufe erhitzen und Hähnchenbrustfilets darin 3–4 Minuten von jeder Seite anbraten. Bulgur nach Packungsanweisung in Salzwasser garen. Hähnchenbrustfilets mit Basilikumsauce ablöschen, auf niedriger bis mittlerer Stufe weitere 7–10 Minuten garen und herausnehmen.

Kürbisspalten abgießen, mit Frischkäse und Basilikumsud vermengen und mit Salz, Pfeffer, Paprikapulver, Muskatnuss und rosa Pfefferbeeren würzen. Basilikumhähnchen mit Kürbisgemüse und Bulgur servieren.

Für 2 Personen:

1/2 Hokkaidokürbis (ca. 500 g)
Salz, Pfeffer
2 Hähnchenbrustfilets (à 200 g)
1 Bund Basilikum
200 ml Gemüsebrühe (1 TL Instantpulver)
1 TL Zitronensaft
2 TL Rapsöl
100 g trockener Bulgur
1 EL Frischkäse, bis 1 % Fett absolut
1/2 TL Paprikapulver
1 Prise geriebene Muskatnuss
1 TL rosa Pfefferbeeren

Bunter Gemüseauflauf mit Vollkorn-Fusilli

13 SmartPoints Wert

fertig in: 30 Minuten | davon aktiv: 30 Minuten
552 kcal | 2310 kJ

Für 2 Personen:

- **100 g trockene Vollkorn-Fusilli**
- **Salz, Pfeffer**
- **400 g Karotten**
- **75 g Mais (Konserve)**
- **1 TL Rapsöl**
- **150 g Tatar**
- **100 ml Gemüsebrühe (1/2 TL Instantpulver)**
- **1/2 TL Paprikapulver**
- **3 Eier (Größe M)**
- **100 ml entrahmte Milch**
- **1 EL italienische Kräuter (TK)**
- **1 EL gehackte Haselnüsse**
- **einige Blätter Basilikum**

Nudeln nach Packungsanweisung in Salzwasser bissfest garen. Karotten schälen und in Scheiben schneiden. Mais abtropfen lassen. Backofen auf 200° C (Gas: Stufe 3, Umluft: 180° C) vorheizen.

Öl in einer Pfanne auf hoher Stufe erhitzen und Tatar darin krümelig anbraten. Karottenscheiben zugeben und kurz mitbraten. Mit Brühe ablöschen und auf mittlerer Stufe mit Deckel ca. 5 Minuten dünsten. Karotten-Tatar-Mischung mit Salz, Pfeffer und Paprikapulver würzen.

Für den Guss Eier mit Milch und Kräutern verquirlen und mit Salz und Pfeffer würzen. Nudeln abgießen und mit Karotten-Tatar-Masse in einer Auflaufform (ca. 15 x 20 cm) mischen. Guss darübergeben, mit Nüssen bestreuen und Auflauf im Backofen auf mittlerer Schiene ca. 25 Minuten garen. Basilikum waschen, trocken schütteln und Gemüseauflauf mit Basilikum bestreut servieren.

Linsensalat mit Mango und Rucola

3 SmartPoints Wert

fertig in: 20 Minuten | davon aktiv: 20 Minuten
vegan | glutenfrei | laktosefrei
402 kcal | 1682 kJ

Frühlingszwiebeln waschen und in Ringe schneiden. Paprika waschen, entkernen und in Würfel schneiden. Mango schälen, das Fruchtfleisch vom Stein schneiden und würfeln. Rucola waschen und trocken schleudern.

Für das Dressing Essig mit Öl und Senf verrühren, mit Salz, Pfeffer und Kreuzkümmel würzen und in ein Glas (Inhalt ca. 1 Liter) füllen.

Linsen abspülen, abtropfen lassen und mit Frühlingszwiebelringen, Paprika- und Mangowürfeln in das Glas einschichten. Rucola daraufgeben und Linsensalat servieren. Vor dem Verzehr gut durchmischen.

Für 1 Person:

- 2 Frühlingszwiebeln
- je 1 kleine rote und gelbe Paprika
- 1 kleine Mango
- 30 g Rucola
- 2 EL dunkler Balsamicoessig
- 1 TL Olivenöl
- 1 TL körniger Senf
- Salz, Pfeffer
- 1 Msp. Kreuzkümmel
- 100 g Linsen (Konserve)

Wenn du den Salat in ein verschraubbares Konservenglas einschichtest, kannst du ihn darin für unterwegs transportieren. Achte darauf, dass das Dressing ganz unten und der Rucola ganz oben im Glas ist, so bleibt der Salat besonders frisch und du kannst ihn auch 2–3 Tage im Kühlschrank lagern.

Kartoffel-Blumenkohl-Püree mit gegrillter Aubergine

6 SmartPoints Wert

fertig in: 40 Minuten | davon aktiv: 30 Minuten
339 kcal | 1419 kJ

Aubergine waschen, längs in Scheiben schneiden, kräftig salzen und ca. 10 Minuten ziehen lassen. Kartoffeln schälen und in Würfel schneiden. Blumenkohl waschen und in Röschen teilen. Kartoffelwürfel und Blumenkohlröschen in Salzwasser 10–15 Minuten garen.

Auberginenscheiben trocken tupfen. Öl in einer Grillpfanne auf mittlerer bis hoher Stufe erhitzen und Auberginenscheiben darin 5–6 Minuten von jeder Seite grillen. Petersilie waschen, trocken schütteln und hacken.

Kartoffelwürfel und Blumenkohlröschen abgießen, mit Milch zerstampfen, mit Parmesan und Petersilie verfeinern und mit Salz und Pfeffer abschmecken. Auberginenscheiben mit Oregano verfeinern und mit Salz und Pfeffer würzen. Kartoffel-Blumenkohl-Püree mit gegrillter Aubergine servieren.

Für 1 Person:

- **1 Aubergine**
- **Salz, Pfeffer**
- **200 g mehligkochende Kartoffeln**
- **200 g Blumenkohl**
- **1 TL Olivenöl**
- **3 Stängel glatte Petersilie**
- **2 EL entrahmte Milch**
- **1 EL geriebener Parmesan**
- **1 EL gehackter Oregano**

Gefüllte Paprika mit Kidneybohnen und Bulgur

9 SmartPoints Wert™

fertig in: 40 Minuten | davon aktiv: 15 Minuten
vegetarisch
420 kcal | 1758 kJ

Bulgur nach Packungsanweisung in Salzwasser garen. Zwiebel schälen und würfeln. Knoblauch pressen. Paprika waschen, entkernen und halbieren. Oregano waschen, trocken schütteln und hacken. Kidneybohnen abspülen und abtropfen lassen.

Backofen auf 200° C (Gas: Stufe 3, Umluft: 180° C) vorheizen. Öl in einer Pfanne auf hoher Stufe erhitzen und Zwiebelwürfel mit Knoblauch darin kurz anbraten. Tomatenmark dazugeben, kurz mitbraten, mit Brühe ablöschen und 2–3 Minuten köcheln lassen. Kidneybohnen mit Bulgur und Oregano dazugeben und mit Salz, Pfeffer, Paprikapulver und Kreuzkümmel würzen.

Paprikahälften auf ein mit Backpapier ausgelegtes Backblech legen, mit Bohnen-Bulgur-Masse füllen, mit Käse bestreuen und im Backofen auf mittlerer Schiene ca. 20 Minuten garen. Gefüllte Paprika mit Kidneybohnen und Bulgur servieren.

Für 1 Person:

40 g trockener Bulgur
Salz, Pfeffer
1 Zwiebel
1 Knoblauchzehe
1 rote Paprika
1 Stängel Oregano
100 g Kidneybohnen (Konserve)
1 TL Olivenöl
1 EL Tomatenmark
50 ml Gemüsebrühe (1/4 TL Instantpulver)
1/2 TL Paprikapulver
1/2 TL Kreuzkümmel
1 EL geriebener Käse, 30 % Fett i. Tr.

Süßkartoffelauflauf mit Zucchini und Parmesan

11 SmartPoints Wert

fertig in: 85 Minuten | davon aktiv: 25 Minuten
376 kcal | 1574 kJ

Zucchini waschen. Süßkartoffeln schälen und mit Zucchini in dünne Scheiben schneiden. Backofen auf 180° C (Gas: Stufe 2, Umluft: 160° C) vorheizen.

Süßkartoffel- und Zucchinischeiben abwechselnd in eine Auflaufform (ca. 20 x 25 cm) einschichten. Für die Sauce Zwiebel schälen und in Stücke schneiden. Zwiebelstücke mit Brühe, Stärke, Öl und Majoran pürieren und kräftig mit Salz und Pfeffer würzen.

Sauce über das Gemüse gießen und Auflauf mit Alufolie bedeckt im Backofen auf mittlerer Schiene ca. 35 Minuten garen. Alufolie entfernen, Süßkartoffelauflauf mit Parmesan bestreuen, im Backofen weitere ca. 25 Minuten garen und servieren.

Für 2 Personen:

je 1 gelbe und grüne Zucchini
350 g Süßkartoffeln
1 kleine Zwiebel
175 ml Gemüsebrühe (1 TL Instantpulver)
1 TL Speisestärke
1 TL Rapsöl
2 EL gehackter Majoran
Salz, Pfeffer
50 g geriebener Parmesan

Rinderfiletstreifen mit gebratenen Balsamicozucchini

9 SmartPoints Wert™

fertig in: 20 Minuten | davon aktiv: 15 Minuten
laktosefrei
460 kcal | 1925 kJ

Rinderfilet trocken tupfen und in Streifen schneiden. Zucchini waschen, längs halbieren und in Scheiben schneiden. Tomaten waschen und halbieren. Öl in einer Pfanne auf hoher Stufe erhitzen, Rinderfiletstreifen darin ca. 4 Minuten rundherum braten, salzen, pfeffern und herausnehmen.

Zucchinischeiben im Bratensatz anbraten, mit Essig ablöschen, mit Salz und Pfeffer würzen und auf niedriger bis mittlerer Stufe 5–6 Minuten dünsten. Tomatenhälften und Rinderfiletstreifen unterheben und kurz erwärmen.

Couscous nach Packungsanweisung in Salzwasser garen. Rinderfiletstreifen mit Balsamicozucchini und Couscous anrichten und mit Basilikum bestreut servieren.

Für 2 Personen:

300 g Rinderfilet
2 Zucchini
100 g Cocktailtomaten
1 TL Olivenöl
Salz, Pfeffer
50 ml dunkler Balsamicoessig
100 g trockener Couscous
1 EL gehacktes Basilikum

Zarte Schollenfilets mit Zitronen-Kapern-Sauce

10 SmartPoints Wert

fertig in: 35 Minuten I davon aktiv: 20 Minuten
606 kcal I 2536 kJ

Für 1 Person:

- **250 g festkochende Kartoffeln**
- **Salz, Pfeffer**
- **300 g Romanesco**
- **2 Schollenfilets (à 125 g)**
- **1 TL Mehl**
- **1 TL Rapsöl**
- **125 ml Gemüsebrühe (1/2 TL Instantpulver)**
- **1 EL Schmand**
- **2 TL Kapern**
- **1/2 unbehandelte Zitrone**

Kartoffeln schälen und in Salzwasser ca. 20 Minuten garen. Romanesco waschen und in Röschen teilen. Romanescoröschen in Salzwasser 8–10 Minuten garen.

Schollenfilets abspülen, trocken tupfen und mit Mehl bestäuben. Öl in einer Pfanne auf mittlerer Stufe erhitzen und Schollenfilets darin von jeder Seite ca. 2 Minuten braten. Schollenfilets mit Salz und Pfeffer würzen, herausnehmen und im Backofen bei 60° C warm stellen.

Für die Sauce Bratensatz mit Brühe ablöschen, Schmand und Kapern einrühren und aufkochen. 1 Msp. Zitronenschale abreiben und Zitronenhälfte auspressen. Sauce mit 2 EL Zitronensaft und -schale verfeinern und mit Salz und Pfeffer abschmecken.

Kartoffeln und Romanesco abgießen. Schollenfilets mit Zitronen-Kapern-Sauce, Romanesco und Kartoffeln servieren.

Pasta mit grünem Gemüse

12 SmartPoints Wert

fertig in: 30 Minuten | davon aktiv: 20 Minuten
482 kcal | 2017 kJ

Broccoli waschen und in Röschen teilen. Broccoliröschen und Erbsen in Salzwasser ca. 6 Minuten garen. Spargel waschen, das untere Drittel schälen und Spargel in Stücke schneiden. Broccoli und Erbsen abgießen.

Nudeln nach Packungsanweisung in Salzwasser garen. Öl in einer Pfanne erhitzen und Spargelstücke darin ca. 5 Minuten braten. Nudeln abgießen und Kochwasser dabei auffangen.

Spargelstücke mit 125 ml Nudelkochwasser ablöschen und Frischkäse einrühren. Sauce mit Zitronensaft und Thymian verfeinern, Broccoliröschen, Erbsen und Nudeln unterheben und erwärmen. Pasta mit Salz und Pfeffer abschmecken und mit Parmesan bestreut servieren.

Für 2 Personen:

- **250 g Broccoli**
- **150 g Erbsen (TK)**
- **Salz, Pfeffer**
- **250 g grüner Spargel**
- **160 g trockene Vollkorn-Farfalle**
- **2 TL Olivenöl**
- **3 EL Frischkäse, bis 1 % Fett absolut**
- **1 EL Zitronensaft**
- **2 TL gehackter Thymian**
- **1 EL geriebener Parmesan**

Geschmorte Auberginen mit Tatar und Schafskäse

11 SmartPoints Wert

fertig in: 90 Minuten I davon aktiv: 40 Minuten
580 kcal I 2427 kJ

Auberginen waschen und 2 Auberginen längs halbieren. Auberginenhälften mit einem Teelöffel oder Kugelausstecher aushöhlen, dabei einen ca. 1 cm dicken Rand und Boden stehen lassen. Restliche Aubergine in kleine Würfel schneiden und ausgehöhltes Fruchtfleisch hacken.

Schafskäse zerbröseln und mit Tatar, Tomatenmark, Oregano, Salz und Pfeffer vermischen. Auberginenhälften salzen, mit Tatar-Schafskäse-Masse füllen und in eine Auflaufform (ca. 25 x 30 cm) setzen. Backofen auf 200° C (Gas: Stufe 3, Umluft: 180° C) vorheizen.

Tomaten waschen. Kartoffeln schälen und mit Tomaten in Würfel schneiden. Kartoffel-, Tomaten- und Auberginenwürfel mit gehacktem Auberginenfruchtfleisch in der Auflaufform verteilen und Brühe angießen. Gefüllte Auberginen mit Tomaten-Kartoffel-Gemüse im Backofen auf mittlerer Schiene ca. 30 Minuten garen.

Passierte Tomaten kräftig mit Salz und Pfeffer würzen, über das Gemüse gießen, vermischen und im Backofen weitere ca. 20 Minuten garen. Geschmorte Auberginen servieren.

Für 2 Personen:

- **3 kleine Auberginen (à ca. 200 g)**
- **80 g Schafskäse, 25 % Fett i. Tr.**
- **250 g Tatar**
- **1 EL Tomatenmark**
- **1 TL gehackter Oregano**
- **Salz, Pfeffer**
- **2 Tomaten**
- **700 g festkochende Kartoffeln**
- **200 ml Gemüsebrühe (1 TL Instantpulver)**
- **250 g passierte Tomaten (Konserve)**

Gemüseblech mit Hüttenkäse

6 SmartPoints Wert

fertig in: 45 Minuten | davon aktiv: 20 Minuten
vegetarisch
334 kcal | 1398 kJ

Backofen auf 180° C (Gas: Stufe 2, Umluft: 160° C) vorheizen. Zucchini, Aubergine und Tomaten waschen und alles in Scheiben schneiden. Peperoni in Ringe schneiden und mit Gemüse auf ein mit Backpapier ausgelegtes Backblech geben.

Für die Marinade Knoblauch pressen und mit Öl, Minze, Salz und Pfeffer verrühren. Gemüse mit Marinade vermischen und im Backofen auf mittlerer Schiene 25–30 Minuten garen.

Bulgur nach Packungsanweisung mit Tomatenmark in Salzwasser garen und mit Salz, Pfeffer und Paprikapulver abschmecken. Gemüseblech mit Hüttenkäse bestreuen und mit Tomatenbulgur servieren.

Für 2 Personen:

- 2 kleine Zucchini
- 1 Aubergine
- 4 Tomaten
- 2 eingelegte Peperoni ohne Öl
- 1 Knoblauchzehe
- 2 TL Olivenöl
- 1 EL gehackte Minze
- Salz, Pfeffer
- 80 g trockener Bulgur
- 1 EL Tomatenmark
- 1/2 TL Paprikapulver
- 100 g Hüttenkäse, bis 0,5 % Fett absolut

Kalbsschnitzel mit Paprikagemüse

9 SmartPoints Wert

fertig in: 35 Minuten | davon aktiv: 25 Minuten
laktosefrei | einfrieren
418 kcal | 1749 kJ

Paprika waschen, entkernen und in Streifen schneiden. Zwiebeln schälen und würfeln. Nudeln nach Packungsanweisung in Salzwasser garen. 2 TL Öl in einem Topf auf mittlerer Stufe erhitzen, Knoblauch dazupressen und mit Paprika und Zwiebel darin 2–5 Minuten braten. Mit Tomatensaft ablöschen und ca. 5 Minuten köcheln.

Kalbsschnitzel trocken tupfen, salzen, pfeffern. Restliches Öl in einer Pfanne auf hoher Stufe erhitzen, Schnitzel darin 3–5 Minuten von jeder Seite braten, dabei Rosmarin nach der Hälfte der Zeit zufügen. Gemüse mit Salz, Pfeffer, Zucker und Oregano würzen. Nudeln abgießen, unter das Gemüse heben und mit Kalbsschnitzeln servieren.

Für 4 Personen:

- je 1 rote, gelbe und grüne Paprika
- 2 Zwiebeln
- 200 g trockene Vollkorn-Fusilli
- Salz, Pfeffer
- 4 TL Rapsöl
- 1 Knoblauchzehe
- 100 ml Tomatensaft
- 4 Kalbsschnitzel (à 120 g)
- 2 Zweige Rosmarin
- 1 Prise Zucker
- 1 TL gehackter Oregano

Puten-Gemüse-Pfanne

7 SmartPoints Wert

fertig in: 45 Minuten | davon aktiv: 20 Minuten
578 kcal | 2419 kJ

Für 1 Person:

- **50 g trockener Naturreis**
- **Salz, Pfeffer**
- **120 g Putenbrustfilet**
- **2 Frühlingszwiebeln**
- **1 Stück Ingwer (ca. 1 cm)**
- **1 TL Olivenöl**
- **1 Knoblauchzehe**
- **2 Tomaten**
- **250 g Broccoliröschen (TK)**
- **200 ml Gemüsebrühe (1 TL Instantpulver)**
- **Sojasauce**
- **Paprikapulver**
- **Currypulver**

Reis nach Packungsanweisung in Salzwasser garen. Putenbrustfilet abspülen, trocken tupfen und in Streifen schneiden. Frühlingszwiebeln waschen und in Ringe schneiden. Ingwer schälen und fein hacken.

Öl in einer Pfanne auf hoher Stufe erhitzen und Putenbruststreifen darin 3–5 Minuten rundherum anbraten. Knoblauch dazupressen, Frühlingszwiebelringe und Ingwer zugeben und weitere 1–2 Minuten braten.

Tomaten waschen, würfeln und mit Broccoliröschen in die Pfanne geben. Mit Brühe ablöschen und ca. 8 Minuten garen.

Puten-Gemüse-Pfanne mit Sojasauce, Pfeffer, Paprika- und Currypulver abschmecken. Nach Wunsch mit Kräutern bestreuen und mit Reis servieren.

Serviere die Puten-Gemüse-Pfanne für eine Extra-Portion Eiweiß mit einem leckeren Joghurtdip. Dafür 200 g Magermilchjoghurt mit 1 TL Aprikosenkonfitüre verrühren, salzen und pfeffern. Berechne dir dann den SmartPoints Wert 11.

Rote-Linsen-Bratlinge mit Zitronendip

11 SmartPoints Wert

fertig in: 40 Minuten I davon aktiv: 30 Minuten
vegetarisch
420 kcal I 1758 kJ

Für 2 Personen:

- 80 g trockene rote Linsen
- 250 g Feldsalat
- 250 g Cocktailtomaten
- 3 TL Rapsöl
- 1 EL dunkler Balsamicoessig
- 1 TL Honig
- 1/2 TL Senf
- Salz, Pfeffer
- 1 Stück Ingwer (ca. 1 cm)
- 1/2 unbehandelte Zitrone
- 50 g trockener Couscous
- 4 EL saure Sahne
- 1 Ei (Größe M)
- 1/2 TL Kreuzkümmel

Linsen nach Packungsanweisung in Wasser garen. Feldsalat waschen und trocken schleudern. Tomaten waschen und halbieren. Für das Dressing 2 TL Öl mit Balsamicoessig, Honig, Senf, Salz und Pfeffer verquirlen.

Ingwer schälen und reiben. 1 Msp. Zitronenschale abreiben und Zitronenhälfte auspressen. Couscous nach Packungsanweisung in Salzwasser garen. Für den Dip saure Sahne mit Zitronenschale, -saft, Salz und Pfeffer verrühren.

Linsen abgießen und mit Couscous, Ei, Ingwer, Kreuzkümmel, Salz und Pfeffer vermengen und zu 6 Bratlingen formen. Restliches Öl in einer Pfanne auf mittlerer bis hoher Stufe erhitzen und Bratlinge darin 3–4 Minuten von jeder Seite braten. Feldsalat mit Tomatenhälften und Dressing mischen. Rote-Linsen-Bratlinge mit Zitronendip und Salat servieren.

Pochierter Wildlachs mit Erbsen-Petersilien-Püree

8 SmartPoints Wert

fertig in: 30 Minuten | davon aktiv: 30 Minuten
408 kcal | 1708 kJ

Für 2 Personen:

- 400 g mehligkochende Kartoffeln
- Salz, Pfeffer
- 2 Wildlachsfilets (à 125 g)
- 1 unbehandelte Zitrone
- 300 ml Fischfond (Glas)
- 3 Lorbeerblätter
- 1 TL schwarze Pfefferkörner
- 150 g Erbsen (TK)
- 1 Salatgurke
- 1 TL Olivenöl
- 1 EL heller Balsamicoessig
- 1 TL Honig
- 1/2 Bund Petersilie
- 2 EL entrahmte Milch
- 1 Msp. geriebene Muskatnuss

Kartoffeln schälen, in Würfel schneiden und in Salzwasser 5–8 Minuten garen. Wildlachsfilets abspülen und trocken tupfen. 1/2 TL Zitronenschale abreiben und Zitrone auspressen.

Für den Sud Fischfond mit Lorbeerblättern, Zitronenschale, -saft, 1/2 TL Salz und Pfefferkörnern in einem Topf aufkochen und Wildlachsfilets im heißen Sud auf niedriger Stufe 10–12 Minuten gar ziehen lassen.

Erbsen zu den Kartoffelwürfeln geben und weitere ca. 10 Minuten garen. Gurke waschen, längs halbieren und in dünne Scheiben hobeln. Für das Dressing Öl, Essig, Honig, Salz und Pfeffer verrühren. Petersilie waschen, trocken schütteln und hacken.

Erbsen und Kartoffelwürfel abgießen, mit Milch zerstampfen, mit der Hälfte der Petersilie und Muskatnuss verfeinern und mit Salz und Pfeffer abschmecken.

Wildlachs aus dem Sud heben und mit Salz und Pfeffer würzen. Gurkenscheiben mit Dressing vermischen. Wildlachs mit restlicher Petersilie bestreuen und mit Gurkensalat und Erbsen-Petersilien-Püree servieren.

Spaghetti-Rotkohl-Salat

9 SmartPoints Wert

fertig in: 30 Minuten | davon aktiv: 20 Minuten
vegetarisch | laktosefrei
407 kcal | 1703 kJ

Nudeln nach Packungsanweisung in Salzwasser garen. Rotkohl putzen, den Strunk entfernen und Rotkohl fein hobeln. Mit 1/2 TL Salz mischen und ca. 15 Minuten ziehen lassen. Nudeln abgießen und kalt abspülen. Karotte schälen und raspeln.

Für das Dressing Öl, Essig, Senf, Honig, Petersilie, Salz und Pfeffer verrühren. Rotkohlstreifen mit Karottenraspeln, Nudeln und Dressing vermischen und Spaghetti-Rotkohl-Salat servieren.

Für 1 Person:

- **50 g trockene Vollkorn-Spaghetti**
- **Salz, Pfeffer**
- **1/4 Rotkohl (ca. 400 g)**
- **1 Karotte**
- **2 TL Olivenöl**
- **1 EL dunkler Balsamicoessig**
- **1 TL Senf**
- **1 TL Honig**
- **1 EL gehackte Petersilie**

Bunte Gemüsepfannkuchen

11 SmartPoints Wert

fertig in: 50 Minuten | davon aktiv: 45 Minuten
vegetarisch | laktosefrei
520 kcal | 2176 kJ

Broccoli waschen, in kleine Röschen teilen und in Salzwasser 5–7 Minuten garen. Abgießen, dabei ca. 200 ml Sud auffangen und die Hälfte der Broccoliröschen darin pürieren. Broccolipüree ca. 10 Minuten abkühlen lassen. Mehl, Vollkornmehl, Backpulver und 1 Prise Salz mischen. Mit Broccolipüree und Eiern verrühren.

Paprika waschen, entkernen und in Stücke schneiden. Tomaten waschen und halbieren. Zwiebel schälen und würfeln. Öl portionsweise in einer Pfanne auf mittlerer Stufe erhitzen und nacheinander 2 Pfannkuchen abbacken, dabei von jeder Seite ca. 5 Minuten braten.

Paprika, Tomaten und Zwiebel auf mittlerer Stufe in Wasser ca. 5 Minuten dünsten. Restliche Broccoliröschen und Tomatenmark zugeben, salzen, pfeffern. Mit Basilikum und Tabasco verfeinern. Gemüse auf den Pfannkuchen verteilen und servieren.

Für 2 Personen:

- **500 g Broccoli**
- **Salz, Pfeffer**
- **75 g Weizenmehl**
- **65 g Weizenvollkornmehl**
- **1 TL Backpulver**
- **2 Eier (Größe M)**
- **1 gelbe Paprika**
- **200 g rote und gelbe Cocktailtomaten**
- **1 Zwiebel**
- **2 TL Olivenöl**
- **2 EL Wasser**
- **2 EL Tomatenmark**
- **1 TL gehacktes Basilikum**
- **einige Tropfen Tabasco**

Zucchini-Kaiserschmarrn mit Lauchgemüse

13 SmartPoints Wert

fertig in: 45 Minuten | davon aktiv: 25 Minuten
478 kcal | 2000 kJ

Zucchini waschen und in Würfel schneiden. Milch in einem Topf auf mittlerer Stufe erhitzen und Zucchiniwürfel darin mit Thymian und Rosmarin ca. 5 Minuten garen. Lauch waschen und in Ringe schneiden. Schalotten schälen und vierteln. Zucchini-Milch-Mischung mit Salz, Paprikapulver und Muskatnuss würzen, pürieren und ca. 10 Minuten abkühlen lassen.

Ei trennen. Eigelb mit Zucchinimilch, Mehl und 1/2 TL Salz zu einem Teig verquirlen. Eiklar mit 1 Prise Salz steif schlagen und unter den Teig heben. Öl in einer Pfanne auf mittlerer bis hoher Stufe erhitzen, Teig hineingeben und darin ca. 3 Minuten braten. Kaiserschmarrn in der Pfanne wenden, in Stücke zerteilen und weitere ca. 5 Minuten braten.

Lauchringe und Schalottenviertel in Brühe ca. 5 Minuten dünsten. Gemüse mit Cremefine und Parmesan verfeinern und mit Salz und Pfeffer abschmecken. Zucchini-Kaiserschmarrn mit Lauchgemüse servieren.

Für 2 Personen:

1 Zucchini (ca. 150 g)
150 ml fettarme Milch
1/2 TL gehackter Thymian
1/2 TL gehackter Rosmarin
2 Stangen Lauch
4 Schalotten
Salz, Pfeffer
1/2 TL Paprikapulver
1 Prise geriebene Muskatnuss
1 Ei (Größe M)
120 g Vollkornmehl
2 TL Olivenöl
50 ml Gemüsebrühe (1/4 TL Instantpulver)
100 ml Cremefine zum Kochen, 7 % Fett
1 EL geriebener Parmesan

Orangenhähnchen mit Gemüsecouscous

10 SmartPoints Wert

fertig in: 20 Minuten | davon aktiv: 20 Minuten
laktosefrei
624 kcal | 2611 kJ

Für 2 Personen:

- **2 unbehandelte Orangen**
- **2 Hähnchenbrustfilets (à 200 g)**
- **2 gelbe Paprika**
- **1 rote Zwiebel**
- **2 TL Olivenöl**
- **Salz, Pfeffer**
- **150 g Erbsen (TK)**
- **100 g trockener Couscous**
- **1 TL Paprikapulver**

1 TL Orangenschale abreiben und Orangen auspressen. Hähnchenbrustfilets abspülen und trocken tupfen. Paprika waschen, entkernen und in kleine Würfel schneiden. Zwiebel schälen und in Ringe schneiden.

1 TL Öl in einer Pfanne auf hoher Stufe erhitzen, Hähnchenbrustfilets darin 5–6 Minuten von jeder Seite braten und mit Salz und Pfeffer würzen.

Restliches Öl in einer Pfanne auf mittlerer Stufe erhitzen und Paprikawürfel, Zwiebelringe und Erbsen darin 7–8 Minuten braten. Couscous nach Packungsanweisung in Salzwasser garen.

Hähnchenbrustfilets mit Orangensaft ablöschen, Orangenschale dazugeben und 2–3 Minuten köcheln lassen. Hähnchenbrustfilets herausnehmen und in Tranchen schneiden. Couscous mit Orangensud vermischen, unter das Gemüse heben, mit Salz, Pfeffer und Paprikapulver würzen und mit Orangenhähnchen servieren.

Spaghetti mit Gemüsebolognese

10 SmartPoints Wert™

fertig in: 50 Minuten | davon aktiv: 25 Minuten
vegan | einfrieren
414 kcal | 1733 kJ

Zwiebel, Sellerie, Petersilienwurzel und Karotten schälen und in sehr kleine Würfel schneiden. Öl in einer Pfanne auf hoher Stufe erhitzen, Gemüsewürfel darin ca. 10 Minuten braten und mit Salz und Pfeffer würzen.

Tomatenmark einrühren, kurz mitbraten und mit Tomaten und Brühe ablöschen. Kräuter zufügen und Sauce auf niedriger Stufe 20–25 Minuten köcheln lassen.

Paprika waschen und entkernen. Zucchini waschen und mit Paprika in kleine Würfel schneiden. Nudeln nach Packungsanweisung in Salzwasser garen.

Paprikawürfel zur Sauce geben und 3–4 Minuten garen. Zucchiniwürfel zugeben, Sauce weitere 6–7 Minuten köcheln lassen und mit Salz und Pfeffer abschmecken. Nudeln abgießen und mit Gemüsebolognese servieren.

Für 4 Personen:

1 Zwiebel
150 g Knollensellerie
150 g Petersilienwurzel
2 Karotten
1 EL Olivenöl
Salz, Pfeffer
2 EL Tomatenmark
400 g passierte Tomaten (Konserve)
250 ml Gemüsebrühe (1 TL Instantpulver)
2 EL gemischte gehackte Kräuter (z. B. Oregano und Thymian)
1 rote Paprika
1 kleine Zucchini
360 g trockene Vollkorn-Spaghetti

Geschichtetes Kabeljaugratin mit Fenchel und Kartoffeln

10 SmartPoints Wert

fertig in: 95 Minuten | davon aktiv: 35 Minuten
431 kcal | 1804 kJ

Für 4 Personen:

- **150 g Crème légère**
- **150 ml entrahmte Milch**
- **2 EL gehackte Petersilie**
- **Salz, Pfeffer**
- **2 Fenchelknollen**
- **800 g festkochende Kartoffeln**
- **3 TL Rapsöl**
- **600 g Kabeljaufilet**
- **5 EL geriebener Käse, 30 % Fett i. Tr.**
- **1 großer Kopfsalat**
- **2 EL Zitronensaft**
- **3 EL Gemüsebrühe (1 Prise Instantpulver)**
- **2 TL Senf**

Für die Sauce Crème légère, Milch und Petersilie verrühren und kräftig mit Salz und Pfeffer würzen. Fenchel waschen, halbieren, den Strunk entfernen und Fenchel in dünne Streifen hobeln. Kartoffeln schälen und so dünn wie möglich in Scheiben schneiden. Backofen auf 200° C (Gas: Stufe 3, Umluft: 180° C) vorheizen.

Eine Auflaufform (ca. 24 x 28 cm) mit 1 TL Öl fetten und Kartoffelscheiben einschichten. Kabeljaufilet abspülen, trocken tupfen und auf die Kartoffelscheiben legen. Fenchelstreifen auf dem Kabeljau verteilen, Sauce darübergießen und mit Alufolie bedeckt im Backofen auf mittlerer Schiene ca. 35 Minuten garen.

Alufolie entfernen und Gratin mit Käse bestreuen. Backofentemperatur auf 220° C (Gas: Stufe 4, Umluft: 200° C) erhöhen und Gratin ca. 30 Minuten überbacken.

Salat waschen, trocken schleudern und in mundgerechte Stücke zerteilen. Für das Dressing restliches Öl mit Zitronensaft, Brühe und Senf verrühren und mit Salz und Pfeffer abschmecken. Salat mit Dressing vermischen und zum Kabeljaugratin servieren.

Chili sin Carne mit gerösteten Tortillaecken

11 SmartPoints Wert™

fertig in: 45 Minuten | davon aktiv: 35 Minuten
vegan
514 kcal | 2151 kJ

Zwiebeln schälen. Chilischote und Paprika waschen, entkernen und alles mit Knoblauch in Würfel schneiden. Tofu mit einer Gabel zerdrücken.

Öl in einem Topf auf mittlerer Stufe erhitzen und Zwiebel-, Chili- und Knoblauchwürfel darin mit Tomatenmark, Paprika- und Chilipulver 3–4 Minuten anbraten. Paprikawürfel und Tofu zufügen, ca. 5 Minuten dünsten und mit Brühe und Tomaten ablöschen. Chili mit Deckel 25–30 Minuten garen.

Kidneybohnen und weiße Bohnen abspülen, abtropfen lassen und ca. 8 Minuten vor Ende der Garzeit zum Chili geben. Tortilla Wraps vierteln. Eine Pfanne auf hoher Stufe erhitzen und 4 Tortillaecken darin 1–2 Minuten von jeder Seite rösten. Vorgang mit restlichen Tortillaecken wiederholen. Chili sin Carne mit Salz und Pfeffer abschmecken und mit gerösteten Tortillaecken servieren.

Für 4 Personen:

- 2 Zwiebeln
- 1 rote Chilischote
- je 1 rote, gelbe und grüne Paprika
- 1 Knoblauchzehe
- 400 g Räuchertofu
- 4 TL Rapsöl
- 2 EL Tomatenmark
- 2 TL Paprikapulver
- 1 TL Chilipulver
- 300 ml Gemüsebrühe (1 1/2 TL Instantpulver)
- 500 g passierte Tomaten (Konserve)
- 1 Dose Kidneybohnen (255 g Abtropfgewicht)
- 1 Dose weiße Bohnen (255 g Abtropfgewicht)
- 2 kleine Tortilla Wraps
- Salz, Pfeffer

Abendessen

Kräuter-Joghurt-Hähnchen auf Kichererbsensalat

7 SmartPoints Wert

fertig in: 45 Minuten | davon aktiv: 40 Minuten
478 kcal | 2000 kJ

Hähnchenbrustfilet abspülen, trocken tupfen und längs halbieren. Kräuter waschen, trocken schütteln und 2 Stängel Basilikum beiseitelegen. Für die Marinade Kräuter mit Joghurt, Senf, Salz und Pfeffer pürieren, mit Hähnchenbrust in einen Gefrierbeutel geben, gut verkneten und im Kühlschrank ca. 10 Minuten marinieren.

Gurke, Salat, Tomaten und Paprika waschen. Salat trocken schleudern und in Streifen, Gurke in dünne Scheiben schneiden. Tomaten halbieren. Paprika entkernen und in Würfel schneiden. Kichererbsen abspülen, abtropfen lassen und mit Gurkenscheiben, Salatstreifen, Tomatenhälften und Paprikawürfeln vermischen. Für das Dressing Brühe mit Zitronensaft, restlichem Basilikum, Salz und Pfeffer pürieren und Salat damit beträufeln.

Hähnchenbrustfilet abtropfen lassen. Öl in einer Pfanne auf mittlerer Stufe erhitzen und Hähnchenbrustfilet darin 5–8 Minuten von jeder Seite braten. Kräuter-Joghurt-Hähnchen in Tranchen schneiden, auf dem Kichererbsensalat anrichten und servieren.

Für 2 Personen:

300 g Hähnchenbrustfilet
je einige Stängel Petersilie und Basilikum
1/2 Bund Schnittlauch
3 EL fettarmer Joghurt
1 EL Senf
Salz, Pfeffer
1 kleine Salatgurke
1 kleines Römersalatherz
100 g gelbe Cocktailtomaten
1 rote Paprika
1 Dose Kichererbsen (265 g Abtropfgewicht)
75 ml Gemüsebrühe (1/4 TL Instantpulver)
1 EL Zitronensaft
1 TL Rapsöl

Paprikacremesuppe mit Avocadotopping

6 SmartPoints Wert

fertig in: 30 Minuten | davon aktiv: 20 Minuten
vegetarisch
372 kcal | 1557 kJ

Paprika waschen, entkernen und in grobe Stücke schneiden. Zwiebeln schälen und würfeln. Öl in einem Topf auf mittlerer Stufe erhitzen und Zwiebelwürfel mit Paprikastücken darin ca. 5 Minuten andünsten. Mit Essig und Brühe ablöschen und mit Deckel ca. 20 Minuten garen.

Für das Topping Toastscheibe in Würfel schneiden und fettfrei in einer Pfanne auf mittlerer Stufe goldbraun rösten. Avocado halbieren, Stein entfernen und Fruchtfleisch aus der Schale lösen. Avocadofruchtfleisch in kleine Würfel schneiden, mit Toastwürfeln und Basilikum vermischen und mit Salz würzen.

Suppe mit saurer Sahne pürieren und mit Salz und Pfeffer abschmecken. Paprikacremesuppe mit Avocadotopping servieren.

Für 2 Personen:

4 rote Paprika
2 Zwiebeln
1 TL Rapsöl
2 EL dunkler Balsamicoessig
600 ml Gemüsebrühe
(2 1/2 TL Instantpulver)
1 kleine Scheibe Toast
100 g Avocado
2 EL gehacktes Basilikum
Salz, Pfeffer
2 EL saure Sahne

Ready to eat? Eine reife Avocado erkennst du daran, dass die Schale auf Druck leicht nachgibt – sie sollte aber nicht zu weich sein. Harte Avocados kannst du bei Zimmertemperatur ein bis zwei Tage lagern, dann reifen sie noch nach.

Gerösteter Blumenkohlsalat vom Blech

7 SmartPoints Wert

fertig in: 30 Minuten | davon aktiv: 20 Minuten
low carb
354 kcal | 1482 kJ

Backofen auf 180° C (Gas: Stufe 2, Umluft: 160° C) vorheizen. Blumenkohl waschen, in Röschen teilen und grob hacken. Für die Marinade Erdnüsse mit Olivenöl, 1 EL Zitronensaft, Currypulver, Zimt und Kurkuma verrühren und kräftig mit Salz und Pfeffer würzen. Blumenkohl mit Marinade vermischen, auf einem mit Backpapier ausgelegten Backblech verteilen und im Backofen auf mittlerer Schiene ca. 20 Minuten rösten.

Für das Dressing restlichen Zitronensaft mit Brühe und Honig verrühren. Zwiebel schälen und in feine Ringe schneiden. Rapsöl in einer Pfanne auf mittlerer Stufe erhitzen, Tatar darin krümelig anbraten und mit Salz, Pfeffer und Paprikapulver würzen.

Blumenkohlmischung mit Dressing, Tatar, Zwiebelringen und Petersilie vermischen, mit Salz und Pfeffer abschmecken. Gerösteten Blumenkohlsalat servieren.

Für 2 Personen:

500 g Blumenkohl
1 EL gehackte Erdnüsse
1 EL Olivenöl
2–3 EL Zitronensaft
1/4 TL Currypulver
1/4 TL Zimt
1/4 TL Kurkuma
Salz, grob gemahlener Pfeffer
3 EL Gemüsebrühe (1/4 TL Instantpulver)
1 TL Honig
1 rote Zwiebel
1 TL Rapsöl
300 g Tatar
1/4 TL Paprikapulver
2 EL gehackte glatte Petersilie

Gedünsteter Rotbarsch auf Gemüsebett

6 SmartPoints Wert

fertig in: 40 Minuten | davon aktiv: 10 Minuten
laktosefrei
403 kcal | 1687 kJ

Backofen auf 180° C (Gas: Stufe 2, Umluft: 160° C) vorheizen. Lauch waschen und in feine Ringe schneiden. Tomaten waschen und in Scheiben schneiden. Thymian waschen und trocken schütteln.

Lauchringe, Tomatenscheiben und Thymian auf einem Stück Alufolie (ca. 25 x 35 cm) verteilen und mit Salz, Pfeffer und Pfefferbeeren würzen. Rotbarschfilet abspülen, trocken tupfen, auf die Gemüsemischung setzen und mit Zitronensaft und Öl beträufeln.

Alufolie zu einem Päckchen verschließen und im Backofen auf mittlerer Schiene ca. 30 Minuten garen. Gedünsteten Rotbarsch auf Gemüsebett mit Ciabatta servieren.

Für 1 Person:

- **1 kleine Stange Lauch**
- **2 Tomaten**
- **2 Zweige Thymian**
- **Meersalz, Pfeffer**
- **1/2 TL rosa Pfefferbeeren**
- **1 Rotbarschfilet (200 g)**
- **1 TL Zitronensaft**
- **1 TL Olivenöl**
- **1 Scheibe Ciabatta**

Zucchinihappen mit Tomatensauce

6 SmartPoints Wert

fertig in: 30 Minuten I davon aktiv: 20 Minuten
vegetarisch
306 kcal I 1281 kJ

Für 2 Personen:

- **2 kleine Zucchini**
- **1 Zwiebel**
- **1 Ei (Größe M)**
- **1 EL Paniermehl**
- **1 EL gehackter Thymian**
- **Salz, Pfeffer**
- **2 TL Rapsöl**
- **400 g stückige Tomaten (Konserve)**
- **1 EL Frischkäse, bis 1 % Fett absolut**
- **1 EL gehackte Petersilie**
- **2 Scheiben Baguette**

Zucchini waschen, raspeln, in ein Küchentuch geben und überschüssige Flüssigkeit ausdrücken. Zwiebel schälen und würfeln. Die Hälfte der Zwiebelwürfel mit Zucchiniraspeln, Ei, Paniermehl und Thymian verkneten und mit Salz und Pfeffer würzen.

1 TL Öl in einer Pfanne auf mittlerer Stufe erhitzen. Aus der Zucchinimasse 8 Bällchen formen und in der Pfanne ca. 10 Minuten rundherum braten.

Für die Sauce restliches Öl in einer Pfanne auf mittlerer Stufe erhitzen, restliche Zwiebelwürfel darin ca. 3 Minuten andünsten und mit Tomaten ablöschen. Sauce aufkochen, Frischkäse und Petersilie einrühren und mit Salz und Pfeffer abschmecken. Zucchinihappen mit Tomatensauce und Baguette servieren.

Spinat-Pfirsich-Salat mit mariniertem Tofu

7 SmartPoints Wert™

fertig in: 20 Minuten I davon aktiv: 20 Minuten
vegan
390 kcal I 1632 kJ

1/2 TL Limettenschale abreiben und Limettenhälfte auspressen. Für die Marinade 1 EL Limettensaft, -schale, Agavendicksaft, Salz, Pfeffer und Sesam verrühren. Tofu würfeln, mit Marinade in einen Gefrierbeutel geben, vorsichtig vermengen und ca. 5 Minuten ziehen lassen.

Für das Dressing restlichen Limettensaft mit Avocadofruchtfleisch, Brühe, Salz und Pfeffer pürieren. Spinat waschen und trocken schleudern. Tomaten waschen und halbieren. Pfirsich waschen, halbieren, den Stein entfernen und Pfirsich in Spalten schneiden.

Öl in einer Pfanne auf mittlerer bis hoher Stufe erhitzen, Tofuwürfel darin 4–5 Minuten rundherum braten und herausnehmen. Pfirsichspalten im Bratensatz kurz anbraten. Spinat mit Tomatenhälften, Tofuwürfeln, Pfirsichspalten und Dressing vermischen. Spinat-Pfirsich-Salat mit Baguette servieren.

Für 2 Personen:

- **1/2 unbehandelte Limette**
- **1 TL Agavendicksaft**
- **Salz, Pfeffer**
- **1 EL Sesam**
- **100 g Tofu**
- **40 g Avocadofruchtfleisch**
- **125 ml Gemüsebrühe (1/2 TL Instantpulver)**
- **100 g Baby-Blattspinat**
- **250 g Cocktailtomaten**
- **1 Pfirsich**
- **1 TL Sesamöl**
- **2 Scheiben Baguette**

Balsamico-Hähnchenbrust auf buntem Zuckerschotengemüse

4 SmartPoints Wert™

fertig in: 30 Minuten I davon aktiv: 20 Minuten
low carb
499 kcal I 2088 kJ

Karotten schälen, längs halbieren und in dünne Scheiben schneiden. Zuckererbsenschoten waschen und halbieren. Hähnchenbrustfilet abspülen und trocken tupfen.

Öl in einer Pfanne auf mittlerer Stufe erhitzen, Hähnchenbrustfilet darin 5–8 Minuten von jeder Seite anbraten und herausnehmen. Bratensatz mit Essig und Brühe ablöschen, Honig einrühren, Hähnchenbrust darin wenden und kurz ziehen lassen. Hähnchenbrust herausnehmen und in Alufolie gewickelt ca. 10 Minuten ruhen lassen.

Karottenscheiben im Bratensatz 3–4 Minuten dünsten. Zuckererbsenschotenhälften zufügen und weitere ca. 2 Minuten dünsten. Gemüse mit Petersilie verfeinern und mit Salz und Pfeffer abschmecken. Hähnchenbrustfilet mit Salz und Pfeffer würzen und in Tranchen schneiden. Balsamico-Hähnchenbrust auf buntem Zuckerschotengemüse servieren.

Für 1 Person:

3 Karotten
100 g Zuckererbsenschoten
1 Hähnchenbrustfilet (240 g)
1 TL Rapsöl
3 EL dunkler Balsamicoessig
50 ml Gemüsebrühe (1/4 TL Instantpulver)
1 TL Honig
1 TL gehackte Petersilie
Salz, Pfeffer

← Blattspinatsalat mit Feigen

6 SmartPoints Wert

fertig in: 15 Minuten | davon aktiv: 15 Minuten
vegetarisch
323 kcal | 1352 kJ

Für das Dressing Öl mit Essig, Senf, Honig, Salz und Pfeffer verrühren. Spinat waschen und trocken schleudern. Feigen waschen und vierteln. Tomaten waschen und halbieren. Schafskäse zerbröseln.

Pinienkerne fettfrei in einer Pfanne auf mittlerer Stufe 2–3 Minuten rösten. Spinat mit Dressing, Feigenvierteln, Tomatenhälften, Schafskäse und Pinienkernen vermischen. Blattspinatsalat mit Baguette servieren.

Für 1 Person:

1 TL Olivenöl
1 EL dunkler Balsamicoessig
1 TL Feigensenf
1 TL Honig
Salz, Pfeffer
100 g Baby-Blattspinat
2 Feigen
100 g Cocktailtomaten
20 g Schafskäse, 25 % Fett i. Tr.
1 TL Pinienkerne
1 Scheibe Baguette

Würzige Zucchini-Parmesan-Schiffchen

5 SmartPoints Wert

fertig in: 35 Minuten | davon aktiv: 15 Minuten
186 kcal | 778 kJ

Backofen auf 180° C (Gas: Stufe 2, Umluft: 160° C) vorheizen. Zucchini waschen, längs halbieren und mit einem Teelöffel aushöhlen, dabei einen ca. 1 cm breiten Rand stehen lassen. Zucchinifruchtfleisch hacken.

Für die Füllung Toast klein würfeln und mit Margarine, Parmesan, Zucchinifruchtfleisch, Zitronenschale, Thymian, Salz und Pfeffer verkneten.

Zucchinihälften in eine Auflaufform (ca. 24 x 28 cm) setzen, mit Parmesanmasse füllen und im Backofen auf mittlerer Schiene 20–25 Minuten goldbraun backen. Basilikum waschen, trocken schütteln und Blätter abzupfen. Zucchini-Parmesan-Schiffchen mit Basilikumblättern garniert servieren.

Für 2 Personen:

2 kleine Zucchini
1 große Scheibe Toast
2 TL Halbfettmargarine
4 EL geriebener Parmesan
1/2 TL abgeriebene unbehandelte Zitronenschale
1 EL gehackter Thymian
Meersalz, grob gemahlener Pfeffer
2 Stängel Basilikum

Gebratenes Lachsfilet mit Mandelbroccoli

10 SmartPoints Wert

fertig in: 35 Minuten | davon aktiv: 25 Minuten
low carb
450 kcal | 1883 kJ

Schalotten schälen und fein würfeln. Broccoli waschen und in Röschen teilen. Gegebenenfalls Broccolistrunk schälen und in kleine Würfel schneiden. Broccoliröschen und -würfel in Salzwasser ca. 5 Minuten vorgaren und abgießen.

2 TL Öl in einem Topf auf mittlerer Stufe erhitzen, Schalottenwürfel darin 2–3 Minuten andünsten. Mit Mehl bestäuben, ca. 2 Minuten anschwitzen und unter Rühren mit Milch ablöschen. Broccoli zur Sauce geben, mit Salz und Pfeffer würzen und 8–10 Minuten garen.

Lachsfilets abspülen und trocken tupfen. Restliches Öl in einer Pfanne auf mittlerer bis hoher Stufe erhitzen, Lachsfilets darin 5–6 Minuten von jeder Seite braten und mit Salz und Pfeffer würzen. Broccoliragout mit Mandelblättchen und Muskatnuss verfeinern und mit Salz und Pfeffer abschmecken. Lachsfilets mit Mandelbroccoli servieren.

Für 4 Personen:

2 Schalotten
1 kg Broccoli
Salz, Pfeffer
3 TL Rapsöl
1 EL Mehl
450 ml entrahmte Milch
4 Lachsfilets (à 125 g)
2 EL Mandelblättchen
1 Prise geriebene Muskatnuss

Süßkartoffel-Karotten-Suppe mit Kürbiskerntopping

7 SmartPoints Wert™

fertig in: 35 Minuten | davon aktiv: 20 Minuten
vegan
349 kcal | 1461 kJ

Süßkartoffeln und Karotten schälen und in Stücke schneiden. Zwiebel schälen und würfeln. 1 Msp. Orangenschale abreiben und Orangenhälfte auspressen.

Öl in einem Topf auf mittlerer bis hoher Stufe erhitzen und Zwiebelwürfel darin 2–3 Minuten anbraten. Süßkartoffel- und Karottenstücke dazugeben, kurz mitbraten, mit Brühe ablöschen und auf mittlerer Stufe ca. 20 Minuten köcheln lassen.

Petersilie waschen, trocken schütteln und fein hacken. Kürbiskerne fettfrei in einer Pfanne auf mittlerer Stufe 2–3 Minuten rösten. Suppe pürieren, mit Salz, Pfeffer, Currypulver und Kreuzkümmel würzen und mit Petersilie, 2 EL Orangensaft und -schale verfeinern. Süßkartoffel-Karotten-Suppe mit Kürbiskernen bestreut servieren.

Für 1 Person:

100 g Süßkartoffeln
2 Karotten
1 Zwiebel
1/2 unbehandelte Orange
1 TL Olivenöl
500 ml Gemüsebrühe (2 TL Instantpulver)
1 Stängel glatte Petersilie
1 EL Kürbiskerne
Salz, Pfeffer
1/2 TL Currypulver
1/4 TL Kreuzkümmel

Fehlt dir die Zeit zum Kochen? Dann probier' doch mal unsere italienische Gemüsesuppe für 5 SmartPoints.

Karotten-Radieschen-Salat mit Hähnchen und Trauben

6 SmartPoints Wert

fertig in: 15 Minuten | davon aktiv: 15 Minuten
laktosefrei
407 kcal | 1703 kJ

Radieschen waschen und in Scheiben hobeln. Karotte schälen und raspeln. Salat waschen, trocken schleudern und in mundgerechte Stücke zerteilen. Trauben waschen und halbieren. Hähnchenschnitzel abspülen und trocken tupfen. 1 Msp. Zitronenschale abreiben und 1 TL Zitronensaft auspressen.

Öl in einer Pfanne auf hoher Stufe erhitzen, Hähnchenschnitzel darin 3–4 Minuten von jeder Seite braten und mit Salz, Pfeffer und italienischen Kräutern würzen. Für das Dressing Zitronensaft mit Sojajoghurt, Petersilie, Basilikum, Zitronenschale, Agavendicksaft, Salz und Pfeffer verrühren.

Karottenraspel mit Dressing, Salatstücken, Radieschenscheiben und Traubenhälften vermischen. Hähnchenschnitzel in Streifen schneiden, auf dem Salat anrichten und mit Ciabatta servieren.

Für 1 Person:

4 Radieschen
1 Karotte
100 g Eichblattsalat
100 g rote Weintrauben
1 Hähnchenschnitzel (120 g)
1/2 unbehandelte Zitrone
1 TL Olivenöl
Salz, Pfeffer
1 TL italienische Kräuter
3 EL Sojajoghurt, bis 55 kcal/100 g
1 TL gehackte Petersilie
1 TL gehacktes Basilikum
1 TL Agavendicksaft
1 Scheibe Ciabatta

Thunfischsalat mit Artischockenherzen

6 SmartPoints Wert

fertig in: 20 Minuten | davon aktiv: 20 Minuten
glutenfrei
326 kcal | 1364 kJ

Salat, Tomaten und Gurke waschen. Salat trocken schleudern und in Streifen schneiden. Tomate in Spalten und Gurke in dünne Scheiben schneiden. Thunfisch, Mais und Artischockenherzen abtropfen lassen und Artischocken vierteln.

Salatstreifen mit Tomatenspalten, Gurkenscheiben, Thunfisch, Mais und Artischockenvierteln vermischen. Für das Dressing Joghurt mit Senf, Essig und Kräutern verrühren und mit Salz und Pfeffer abschmecken. Thunfischsalat mit Joghurtdressing beträufeln und servieren.

Für 2 Personen:

1/2 Eisbergsalat
2 Tomaten
1/2 Salatgurke
1 Dose Thunfisch im eigenen Saft (150 g Abtropfgewicht)
1 Dose Mais (280 g Abtropfgewicht)
100 g Artischockenherzen in Lake (Konserve)
150 g fettarmer Joghurt
1 EL Senf
1 EL heller Balsamicoessig
1 EL italienische Kräuter
Salz, Pfeffer

Hähnchenschnitzel in Couscouspanade mit Chinakohl

6 SmartPoints Wert™

fertig in: 30 Minuten | davon aktiv: 25 Minuten
326 kcal | 1364 kJ

Zwiebel schälen und in dünne Spalten schneiden. Chinakohl waschen, Boden samt Strunk entfernen und Kohl in Streifen schneiden. 1 TL Öl in einer Pfanne auf mittlerer Stufe erhitzen und Zwiebelspalten und Chinakohlstreifen darin 3–5 Minuten anbraten. Mit Brühe ablöschen und mit Deckel ca. 10 Minuten schmoren.

Für die Panade Couscous nach Packungsanweisung in Salzwasser garen und in einem tiefen Teller mit Salz, Pfeffer, Oregano und Petersilie vermischen. Ei in einem weiteren tiefen Teller verquirlen. Hähnchenschnitzel abspülen, trocken tupfen und gegebenenfalls flacher klopfen. Schnitzel erst in Ei, dann in Couscous wenden.

Restliches Öl in einer Pfanne auf mittlerer Stufe erhitzen und Schnitzel darin 3–5 Minuten von jeder Seite braten. Chinakohl mit Kurkuma und Koriander verfeinern, mit Salz und Pfeffer abschmecken und mit Hähnchenschnitzeln in Couscouspanade servieren.

Für 2 Personen:

- **1 Zwiebel**
- **500 g Chinakohl**
- **2 TL Rapsöl**
- **75 ml Gemüsebrühe (1/4 TL Instantpulver)**
- **2 EL trockener Couscous**
- **Salz, Pfeffer**
- **1 TL gehackter Oregano**
- **1 TL gehackte Petersilie**
- **1 Ei (Größe M)**
- **2 Hähnchenschnitzel (à 120 g)**
- **1/4 TL Kurkuma**
- **1 TL gehackter Koriander**

Cremige Broccolisuppe mit Geflügelbrust

5 SmartPoints Wert

fertig in: 35 Minuten | davon aktiv: 20 Minuten
289 kcal | 1210 kJ

Zwiebel schälen und in Spalten schneiden. Broccoli waschen und in Röschen teilen. Broccolistrunk gegebenenfalls schälen und in kleine Würfel schneiden. Kartoffeln schälen und in Würfel schneiden.

Öl in einem Topf auf mittlerer Stufe erhitzen und Zwiebelspalten darin ca. 3 Minuten anbraten. Mit Brühe ablöschen, aufkochen und Broccoliröschen, -würfel und Kartoffelwürfel darin ca. 15 Minuten garen.

Suppe mit Crème légère pürieren, mit Estragon verfeinern und mit Salz und Pfeffer abschmecken. Geflügelbrustaufschnitt in Streifen schneiden. Broccolisuppe mit Geflügelbruststreifen bestreut servieren.

Für 2 Personen:

1 Zwiebel
500 g Broccoli
250 g mehligkochende Kartoffeln
1 TL Rapsöl
800 ml Gemüsebrühe (4 TL Instantpulver)
3 EL Crème légère
1 EL gehackter Estragon
Salz, Pfeffer
6 Scheiben Geflügelbrustaufschnitt

Motivation pur!

Wie oft hatte sich Andrea schon gesagt: „Jetzt könntest du aber mal abnehmen ..." Doch erst als eine Freundin, die sie länger nicht gesehen hatte, auf einmal rank und schlank vor ihrer Tür stand, hatte sie das Gefühl: „Jetzt will ich das wirklich!"

Name: Andrea
Alter: 37 Jahre
Erfolg: -20 kg
Teilnahme: Treffen

Eine Freundin erzählte ihr von Weight Watchers und die 36-jährige Erzieherin aus dem Sauerland meldete sich zum Weight Watchers Treffen an. Ihr Erfolg: in einem Dreivierteljahr 20 Kilo weniger und endlich wieder Spaß am Sport.

Jahrelang hatte Andrea erfolgreich Tischtennis auf Bezirksliga-Ebene gespielt, später hatte die zweifache Mutter der Kinder wegen keine Zeit mehr dafür und zog sich aus der Mannschaft zurück. Der Mangel an Bewegung machte sie unglücklich. Sie futterte mehr, als sie verbrauchte, und das Gewicht kletterte nach oben. „Ich habe einfach die falschen Sachen gegessen, viel zu fett und ohne Maß", erinnert sie sich. „Wenn eine Schüssel auf dem Tisch stand, habe ich die auch leer gegessen – selbst wenn ich schon pappsatt war."

Mit Weight Watchers fing sie an, das Essen wieder zu genießen: „Jedes Gericht, das ich zubereitete, fotografierte ich und postete das Bild auf Facebook. So konnten alle sehen, wie lecker es mir geht." Motivation pur war und ist das Treffen: „Ich wollte eigentlich nie darauf angesprochen werden, dass ich abnehme", sagt die Gewinnerin des Weight Watchers Awards 2015. „Aber inzwischen bin ich gerne Vorbild und hoffe, dass ich auch andere begeistern kann, den Weg zu gehen. Ihr packt es!"

Statt Krampf ab in den Kampf!

Der Weg zum Wunschgewicht war allerdings nicht nur mit Wattebäuschen gepolstert. Vor allem die Freude an der Bewegung stellte sich nicht von jetzt auf gleich ein: „Schon ein Spaziergang war ein Kampf: Ich bekam keine Luft mehr, hatte null Kondition", gesteht die gelernte Erzieherin. Aber der Gedanke daran, sich in der eigenen Haut endlich wieder wohlzufühlen, ließ sie weitermachen – Schritt für Schritt.

Heute schafft Andrea locker 10.000 Schritte am Tag. Das verdankt sie nicht zuletzt auch ihren „Weight Watchers Mädels": Zum Geburtstag schenkten diese ihr einen Aktivitäts-Tracker, den Fitbit. Das löste bei ihr einen richtigen Energieschub aus. Gemeinsam mit anderen Teilnehmerinnen rief sie außerdem eine Zumba-Gruppe ins Leben: „Da geht es nicht um Leistung, sondern darum, Spaß zu haben."

Eine echte Power-Mama

Ihre Familie ist begeistert von der neuen energiegeladenen Andrea. Ihr Mann unterstützt sie und erinnert sie immer wieder daran, was sie geschafft hat. Ihre 13-jährige Tochter freut sich mit ihr und ist total stolz auf die schlanke Mami. Und das Glücksgefühl, als sie am Geburtstag ihres 10-jährigen Sohns das erste Mal die Gewichtsgrenze für ein (Kinder-)Trampolin unterschritten hatte und darauf nach Herzenslust herumspringen konnte, wird sie selbst auch nicht so schnell vergessen ...

Wenn du wie Andrea durchstarten möchtest, dann schau einfach bei einem Treffen in deiner Nähe vorbei:

www.weightwatchers.de/treffen

Andreas Erfolgstipps:

- Es ist mir wichtig, in Ruhe zu frühstücken und nicht zu hetzen. Vollkornbrot und Milchprodukte, z. B. Joghurt, gehören für mich dazu.
- Durch den Austausch im Treffen wird die Motivation gestärkt. Wir feiern gemeinsam jedes Kilo.
- Meine ganze Familie liebt die Weight Watchers Gerichte. Wenn sich mal jemand Pommes gewünscht hat, habe ich für mich eine andere Beilage zubereitet – sonst essen immer alle alles.

Register nach Alphabet

A

Apfel-Karotten-Drink 28

B

Balsamico-Hähnchenbrust auf buntem Zuckerschotengemüse 90
Basilikumhähnchen mit Kürbisgemüse 36
Beeren-Schicht-Porridge 20
Blattspinatsalat mit Feigen 93
Bunte Gemüsepfannkuchen 64
Bunter Gemüseauflauf mit Vollkorn-Fusilli 39

C

Chili sin Carne mit gerösteten Tortillaecken 75
Cremige Broccolisuppe mit Geflügelbrust 105
Cremiges Mangomüsli mit Seidentofu 24

F

Fruchtiges Vollkornbrötchen mit Geflügel 15
Frühstücksomelette mit Schinken und Tomaten 31

G

Gebackenes Apfel-Zimt-Porridge 11
Gebratenes Lachsfilet mit Mandelbroccoli 94
Gedünsteter Rotbarsch auf Gemüsebett 85
Geflügelsandwich mit Kresse und fruchtiger Pfirsichcreme 28
Gefüllte Paprika mit Kidneybohnen und Bulgur 44
Gemüseblech mit Hüttenkäse 56
Gemüseschnitten mit Bärlauchquark 16
Gerösteter Blumenkohlsalat vom Blech 82
Geschichtetes Kabeljaugratin mit Fenchel und Kartoffeln 72
Geschmorte Auberginen mit Tatar und Schafskäse 55
Grießmuffins mit Aprikosen 23
Grünes Sandwich 8

H

Hähnchenschnitzel in Couscouspanade mit Chinakohl 102
Heidelbeercreme mit Chia-Samen 19

K

Kalbsschnitzel mit Paprikagemüse 56
Karotten-Radieschen-Salat mit Hähnchen und Trauben 98
Karotten-Rotkohl-Salat mit Vollkornnudeln 64
Kartoffel-Blumenkohl-Püree mit gegrillter Aubergine 43
Kräuter-Joghurt-Hähnchen auf Kichererbsensalat 78

L

Linsensalat mit Mango und Rucola 40

M

Melonenjoghurt mit Pistazien 15
Moringa Bowl mit Beeren 12

O

Orangenhähnchen mit Gemüsecouscous 68

P

Paprikacremesuppe mit Avocadotopping 81
Pasta mit grünem Gemüse 52
Pikantes Rührei mit Ziegenkäse 27
Pochierter Wildlachs
mit Erbsen-Petersilien-Püree 63
Power Bällchen 32
Puten-Gemüse-Pfanne 59

R

Rinderfiletstreifen mit gebratenen
Balsamicozucchini 48
Rote-Linsen-Bratlinge mit Zitronendip 60

S

Spaghetti mit Gemüsebolognese 71
Spinat-Pfirsich-Salat mit mariniertem Tofu 89
Süßkartoffelauflauf mit Zucchini
und Parmesan 47
Süßkartoffel-Karotten-Suppe
mit Kürbiskerntopping 97

T

Thunfischsalat mit Artischockenherzen 101

W

Würzige Zucchini-Parmesan-Schiffchen 93

Z

Zarte Schollenfilets
mit Zitronen-Kapern-Sauce 51
Zucchinihappen mit Tomatensauce 86
Zucchini-Kaiserschmarrn mit Lauchgemüse 67

Lust auf…

…Fisch & Meeresfrüchte?

Gebratenes Lachsfilet mit Mandelbroccoli 94
Gedünsteter Rotbarsch auf Gemüsebett 85
Geschichtetes Kabeljaugratin mit Fenchel und Kartoffeln 72
Pochierter Wildlachs mit Erbsen-Petersilien-Püree 63
Thunfischsalat mit Artischockenherzen 101
Zarte Schollenfilets mit Zitronen-Kapern-Sauce 51

…Geflügel?

Balsamico-Hähnchenbrust auf buntem Zuckerschotengemüse 90
Basilikumhähnchen mit Kürbisgemüse 36
Hähnchenschnitzel in Couscouspanade mit Chinakohl 102
Karotten-Radieschen-Salat mit Hähnchen und Trauben 98
Kräuter-Joghurt-Hähnchen auf Kichererbsensalat 78
Orangenhähnchen mit Gemüsecouscous 68
Puten-Gemüse-Pfanne 59

…Low Carb?

Balsamico-Hähnchenbrust auf buntem Zuckerschotengemüse 90
Frühstücksomelette mit Schinken und Tomaten 31
Gebratenes Lachsfilet mit Mandelbroccoli 94
Gerösteter Blumenkohlsalat vom Blech 82
Pikantes Rührei mit Ziegenkäse 27

…Pasta?

Bunter Gemüseauflauf mit Vollkorn-Fusilli 39
Kalbsschnitzel mit Paprikagemüse 56
Pasta mit grünem Gemüse 52
Spaghetti mit Gemüsebolognese 71
Spaghetti-Rotkohl-Salat 64

…Salat?

Blattspinatsalat mit Feigen 93
Gerösteter Blumenkohlsalat vom Blech 82
Karotten-Radieschen-Salat mit Hähnchen und Trauben 98
Kräuter-Joghurt-Hähnchen auf Kichererbsensalat 78
Linsensalat mit Mango und Rucola 40
Spaghetti-Rotkohl-Salat 64
Spinat-Pfirsich-Salat mit mariniertem Tofu 89
Thunfischsalat mit Artischockenherzen 101

…To Go?

Apfel-Karotten-Drink 28
Fruchtiges Vollkornbrötchen mit Geflügel 15
Geflügelsandwich mit Kresse und fruchtiger Pfirsichcreme 28
Gemüseschnitten mit Bärlauchquark 16
Grießmuffins mit Aprikosen 23
Grünes Sandwich 8
Linsensalat mit Mango und Rucola 40
Power Bällchen 32
Spaghetti-Rotkohl-Salat 64

…Vegan?

Apfel-Karotten-Drink 28
Chili sin Carne mit gerösteten Tortillaecken 75
Cremiges Mangomüsli mit Seidentofu 24
Linsensalat mit Mango und Rucola 40
Spaghetti mit Gemüsebolognese 71
Spinat-Pfirsich-Salat mit mariniertem Tofu 89
Süßkartoffel-Karotten-Suppe mit Kürbiskerntopping 97

...Vegetarisch?

Beeren-Schicht-Porridge 20
Blattspinatsalat mit Feigen 93
Bunte Gemüsepfannkuchen 64
Gebackenes Apfel-Zimt-Porridge 11
Gefüllte Paprika mit Kidneybohnen und Bulgur 44
Gemüseblech mit Hüttenkäse 56
Gemüseschnitten mit Bärlauchquark 16
Grießmuffins mit Aprikosen 23
Grünes Sandwich 8
Heidelbeercreme mit Chia-Samen 19
Melonenjoghurt mit Pistazien 15
Moringa Bowl mit Beeren 12
Paprikacremesuppe mit Avocadotopping 81
Pikantes Rührei mit Ziegenkäse 27
Power Bällchen 32
Rote-Linsen-Bratlinge mit Zitronendip 60
Spaghetti-Rotkohl-Salat 64
Zucchinihappen mit Tomatensauce 86

Deine Meinung ist gefragt!

Wie gefällt dir dieses Buch?
Sind deine Erwartungen erfüllt? Hast du Anregungen oder Ideen?
Jedes Lob, aber auch Kritik, hilft uns dabei, noch besser zu werden.

Wir freuen uns auf deine Bewertung dieses Kochbuchs unter:
weightwatchers-shop.de

Oder schicke uns eine E-Mail an:
leserservice@weight-watchers.de

Dein Weight Watchers Leserservice

Redaktion
Weight Watchers
Claudia Braun, Claudia Thienel

Realisierung
The Food Professionals Köhnen AG, Sprockhövel

Projektleitung
Silke Höpker

Rezepte
Janina Gerthold, Insa Weißpfennig

Versuchsküche
Judith Balks, Dennis Webers

Fotografie
Klaus Arras, Carsten Eichner, Dirk Przibylla, Hubertus Schüler

Foodstyling
Katja Briol, Marc Fleischer, Maren Jahnke, Stefan Mungenast

Gestaltungskonzept und Grafik
The Food Professionals Köhnen AG, Sprockhövel
Petra Penker, Sina Wolf

Druck
paffrath print & medien GmbH, Remscheid

1. Auflage 2017

weightwatchers
Info-Hotline 01802-23 45 64*
www.weightwatchers.de

*0,06 €/Anruf aus dem Festnetz, Mobilfunk höchstens 0,42 €/Minute.

PEFC zertifiziert
Dieses Papier stammt aus nachhaltig bewirtschafteten Wäldern und kontrollierten Quellen.

www.pefc.de